这座城市天生就适合恋爱

你天生就适合我的灵魂

My Heart Will Go On

一念永恒

阿莱 / 编著

北京联合出版公司
Beijing United Publishing Co.,Ltd.

● *Lilium candidum L. 1753*　❱ 百合科　百合属　❗ 沿地中海地区、亚洲

0
纯白百合

我隐藏在，我的花里，
这朵花佩在你的胸前，
你并没有想到，
也佩戴着我，
天使却知道这一切。

——［美国］艾米莉·狄金森
《我隐藏在，我的花里》

纯白百合是欧洲较古老的品种之一，适宜生活在干燥或微寒的
环境中。它的花多呈漏斗形，花口朝外，一次可开 5 ～ 20 朵。

● *Hippeastrum vittatum (L'Her) Herb. 1821* ❧ 石蒜科　朱莲属　❡ 美洲

01

斑纹巴巴多斯百合

> 腼腆的玫瑰花刺儿多得很，
> 温驯的羊儿常拿角来吓人；
> 百合花却一味陶醉在爱情里，
> 没有刺也没有角损坏她的美。
>
> ——［英国］威廉·布莱克《百合花》

斑纹巴巴多斯百合是多年生球根花卉。它有肥大鳞茎，叶基两侧对生，具有肉质；花莛自叶丛外侧抽出，粗壮中空；花为白色，呈漏斗状，中心及近缘处有红紫色条纹；花期多在春夏季节。

*Crinum bulbispermum (Burm.f.)
Milne-Redh. & Schweick. 1939*   ❥ 石蒜科 文殊兰属   ⚑ 非洲

02

奥伦治河百合

我想和你一起生活在某个小镇，
共享无尽的黄昏和绵绵不绝的钟声。
在这个小镇的旅店里——
古老时钟敲出的微弱响声，
像时间轻轻滴落。
有时候，在黄昏，
自顶楼某个房间传来笛声，
吹笛者倚着窗牖，而窗口大朵郁金香。
此刻你若不爱我，我也不会在意。

——［俄罗斯］茨维塔耶娃
《我想和你一起生活》

奥伦治河百合实际上是一种文殊兰，其花卉大而端庄，叶片鲜绿，
与百合十分相似，是很好的观赏植物，常用于装饰园林。

012　　　● *Watsonia meriana (L.) Mill. 1768*　❧ 鸢尾科　沃森花属　🌷 非洲

03

喇叭百合

你呼吸着阳光，
我呼吸着月亮，
可我们在同一的爱情中生长。

——〔俄罗斯〕阿赫玛托娃
《我们将不会从同一只杯子》

喇叭百合是常绿草本植物。其花朵为粉红色，有深色的花蕊和明显的花筒，花分 6 瓣，花序为穗状；叶子为明亮的绿色，形状呈剑状。

Hymenocallis narcissiflora
(Jacq.) J.F.Macbr. 1931   ❧ 石蒜科　蜘蛛百合属　📍 北美洲

04

篮百合

你与我之间，
爱情竟如此淡薄、冷静而又纯洁，
像透明的空气，
像清澈的流水，
在那天上月和水中月之间奔涌。

——〔西班牙〕胡安·拉蒙·希梅内斯
《你与我之间》

篮百合的叶姿健美，花呈白色，花形别致，花丝基部扩大形成
杯状副花冠，花枝亭亭玉立。它的花期在 6～7 月，它适合作
为盆栽观赏，在温暖地区，也可用于布置庭院或花境、花坛用材。

● *Amaryllis belladonna L.1753* ❧ 石蒜科　朱顶红属　🌱 非洲

也许你我终将行踪不明，
但是你该知道我曾因你而动情。
不要把一个阶段幻想得很好，
而又去幻想等待后的结果，
那样的生活只会充满依赖。
我的心思不为谁而停留，
而心总要为谁而跳动。

——［法国］波德莱尔《恶之花》

颠茄百合的花色有红、白、桃红、橙红及斑色等，极为艳丽，
多用于盆栽观赏。从它的花茎中提取出的石蒜碱，具有一定的
药用价值。

　　　《鸢尾花》　文森特·威廉·梵·高　Vincent Willem van Gogh　1889 年

06

鸢尾花

　　梵·高的这幅《鸢尾花》，画的是从红土中绽放的蓝色鸢尾，充满了活力，但也有一些孤独和不安。鸢尾本身是非常平凡的植物，梵·高赋予了它们艳丽的色彩和恒久的生命力。在梵·高的一生中，虽然充满了痛苦和挣扎，但是始终对大自然饱含热情，仿佛在向自然做最深情的倾诉。

● *Crinum jagus (J.Thomps.) Dandy 1939* ❧ 石蒜科 文殊兰属 ❦ 非洲

07

大文殊兰

远方的爱人啊！
你照进我，
寂静的深忧之中，
温柔而明亮，
就像夜晚的星光射进，
这儿的兰草和柳叶丛中一样。

——[美国]尼科劳斯·列瑙《芦苇之歌》

大文殊兰的花形大，有明显的花筒和粗壮的花梗，外形典雅大方，
多用于园林美化、装点居室或室外造景。但它全株含毒，生的
鳞茎毒性尤强，若误食则会引起呕吐。

● *Iris sibirica L. 1753* ❯ 鸢尾科 鸢尾属 ❘ 欧洲

08

西伯利亚
鸢尾

任何一样东西，
你渴望拥有它，
它就盛开。
一旦你拥有它，
它就凋谢。

——［法国］普鲁斯特
《追忆似水年华》

西伯利亚鸢尾生活在高寒地区，生长尤其迅速，花期多在夏季。
它的花多为白色、紫色或蓝色，是美化环境的优良花材。

● *Narcissus jonquilla L. 1753* ❧ 石蒜科　水仙属　❡ 欧洲

09

黄水仙

你微笑地看着我，
不说一句话。
而我知道，
为了这个，
我已经等了很久了。

——［印度］泰戈尔《飞鸟集》

黄水仙为多年生草本植物。其地下部分的鳞茎卵形至球形，外形与洋葱相似；叶狭长呈线形或披针形；花朵呈高脚碟状，外花被为黄色，花香清洌淡雅。

● *Narcissus ×medioluteus Mill. 1768* ❧ 石蒜科　水仙属　🌱 欧洲

10

黄口水仙

没有你，我只能看见无边的沙漠，
横亘在过去与今天之间。
我在枯草上走过所有的死亡，
却无法刺穿我镜子的墙。

——［法国］保尔·艾吕雅《我爱你》

黄口水仙是一种人工培育的杂交品种。它的花排列成伞形花序，
6 瓣白色的花瓣向四边舒开，香气浓郁。

● *Hosta plantaginea (Lam.) Asch. 1864* ❯ 玉簪科 玉簪属 ⚲ 亚洲

● Plantain Lily

11

玉簪

你又把静的雾辉笼遍了林涧，
我灵魂也再一回融解个完全；
我便向我的田园轻展着柔盼，
像一个知己的眼亲切地相关。

——［德国］歌德《对月吟》

玉簪属多年生草本植物，其叶基丛生，花呈漏斗状。传说当年
西王母宴群仙时，仙女们饮了玉液琼浆后飘然入醉，头发散乱，
其玉簪落入尘世，就化成了玉簪花。

● *Alstroemeria pelegrina L.1762* ❧ 六出花科　六出花属　🌱 南美洲

12

秘鲁百合

我心头，
萦绕着岛屿和丹南湖滨，
在那里岁月定将我们遗忘，
悲哀不再来临。
一转眼，
我们就要远离玫瑰、百合和恼人的星光，
只要我们是双白鸟，
亲爱的，
出没在浪花里。

——［爱尔兰］叶芝《白鸟》

秘鲁百合喜欢温暖湿润和阳光充足的环境，不耐寒。它的花期
多在夏季，花形奇特，盛开时分外典雅华贵，所以经常作为切
花材料或观赏盆栽。

● *Hippeastrum reticulatum (L'Her) Herb. 1821* ❥ 石蒜科 朱属 ❘ 非洲

Netted-veined
Hippeastrum

13

白肋孤挺花

我记得那美妙的一瞬，
在我的面前出现了你，
有如昙花一现的幻影，
有如纯洁之美的精灵。
在无望的忧愁的折磨中，
在喧闹的虚幻的困扰中，
我的耳边长久地响着你温柔的声音，
我还在睡梦中见到你可爱的面容。

——［俄国］普希金《致科恩》

白肋孤挺花的花色有红、白、桃红、橙红及斑色等，极为艳丽，
叶片鲜绿而有光泽。孤挺花多用于观赏、盆栽，有一定的药用
价值。

　　　　《天使报喜》　　但丁·加百利·罗塞蒂 Dante Gabriel Rossetti　　1849 年

14

天使报喜

在圣经故事中，纯白百合是赫拉的乳汁，是亚当和夏娃的泪水，所以，它具有纯洁和神圣的寓意。特别在基督教"天使报喜"的故事中，天使手持百合，为圣母带来喜报，使百合圣洁的象征更深入人心。

● *Ixia polystachya L. 1762* ❧ 鸢尾科 小鸢尾属 ❗ 非洲

15

多穗小鸢尾

她睁开她的眼睛，绿莹莹地，
眼波闪耀，像未绽的花蕾一般纯，
第一次，此刻第一次为人瞥见。

——［英国］劳伦斯《绿》

多穗小鸢尾喜欢干旱炎热的气候。它的花序密集，花开后多朝
向一侧。虽看上去弱小又娇怯，但其紧凑的花序会让人联想到
共进退的朋友，所以它的花语是齐心协力。

● *Crinum erubescens Aiton 1789* ❯❯ 石蒜科 文殊兰属 🕯美洲

16

红蕊文殊兰

思想在高飞，我低着头，
在慢慢地走，慢慢地走，
在时间的进程上，
我的生命向一个希望追求。

——［西班牙］加西亚·洛尔迦
《低着头》

红蕊文殊兰的球茎外有淡褐色的皮质膜；叶为深绿色，具有明显的
中脉，叶呈带状，前端渐尖；花多为白色，花瓣向后卷曲，花柱为
红色。它的植株洁净而艳美，常年呈翠绿色，是人们喜爱的观赏花卉。

● *Allium subhirsutum L. 1753* ❧ 葱科 葱属 🗲 沿地中海地区

滑 韭

一花一木，故人相植。
一思一念，今人成痴。

——［日本］紫式部《源氏物语》

滑韭有小型白色的球茎，温湿度及营养适合时，可从成熟的主
球茎分生许多小的珠芽。它的叶片呈带状，直立生长，有闭合
的叶鞘；花茎从叶丛中抽出，伞状花序生于顶端，花色为白色。

● *Gladiolus carneus D.Delaroche 1766* ❧ 鸢尾科　唐菖蒲属 ❦ 非洲

18

约瑟芬与
百合

约瑟芬嫁给拿破仑·波拿巴后，她为了排遣丈夫外出远征留给她的孤寂，将所有心思都花在精心装饰自己的梅尔梅森城堡花园。这里就像一个浪漫的世外桃源，她收集了两百多种奇花异草，种植在她的花园中。在这花园中最著名的是浓烈绽放的玫瑰，其次就是圣洁纯净的百合。

白菖蒲是多年生草本植物。它的鳞茎呈扁圆形，有胶质外皮；基生叶剑形，灰绿色；花莛直立，总状花序顶生，苞片卵状披针形，花白色，花被呈漏斗状。

● *Chlorophytum capense L. Voss 1895* ❧ 百合科 吊兰属 ❦ 非洲

每当沉迷于你，
长成于你，
暗中无休止纠缠你的心房，
我脸上才摘去虚荣的面具。

——［奥地利］里尔克《致莎乐美》

吊兰喜欢生长在温暖湿润的环境当中，是常绿草本花卉。花朵开在抽出的茎枝末端，被称作"空中花卉"。吊兰有很强的空气净化能力，适宜做室内盆栽。

《百合和圣母》　卡洛斯·施瓦布 Carlos Schwabe

20

百合和圣母

　　圣洁的圣母身边，总是有安静优雅的百合相伴。画面中，一排洁白的百合占据了大多数图幅，使这幅画显得纯净、无暇。在银色月光的照耀下，圣母、圣婴和百合都显得无比神圣。

● *Gladiolus angustus L. 1753* ❧ 鸢尾科　唐菖蒲属　🌱 南非

如果你是我眼里的一滴泪，
为了不失去你，
我将永不哭泣，
如果金色的阳光，
停止了它耀眼的光芒，
你的一个微笑，
将照亮我的整个世界。

——〔英国〕拜伦
《如果你是我眼里的一滴泪》

长管百合的花莛直立，总状花序顶生，花为6瓣，大体呈淡黄色；
花被筒细长成丝状，是这一品种的特色。此花色泽鲜艳，常用
于切花、瓶插或制作花束、花篮，也常用来布置花境

Eucomis comosa (Houtt.) Aschers.
& Graebn. 1905 var. comosa

❥ 风信子科　菠萝兰属　♀ 南非

22

斑点菠萝百合

雷杜德是法国著名花卉画家，以各种精美的花卉画闻名于世。雷杜德尤其擅长画玫瑰和百合，被喻为"花之拉斐尔"。他曾经在约瑟芬的梅尔梅森城堡花园中工作，在这里创作并出版了他最为著名的《百合》《玫瑰图谱》。他的画作不仅具有艺术美感，也具有严格的写实性。

斑点菠萝百合生活在热带，耐寒性差。它属于大型球根花卉，株高可达 70 厘米。它的花多为白色或微白色，裂片边缘为紫色，呈星状开放。此花多用于园林美化。

Ornithogalum conicum Jacq.
1791 subsp. conicum

风信子科　虎眼万年青属　非洲

23

虎眼万年青

我崇拜了你而给我的不是光辉，
不是热力，不是崇高；
因为光明在消逝；那是黄金，黄金，
是黄金造成了阴影；你的颜色。
你的灵魂的颜色；因为你的双眼，
要造成你的灵魂，与此同时，
太阳就把它的黄金变化成火红。

——［西班牙］胡安·拉蒙·希梅内斯
《灵魂的颜色》

虎眼万年青主要生活在热带，对环境的适应性强。由于它生长
浓密且不断向上开放，所以被人们赋予了友谊长存、青春永驻
的意义。其外形秀丽，易于培植，所以多用于园林美化。

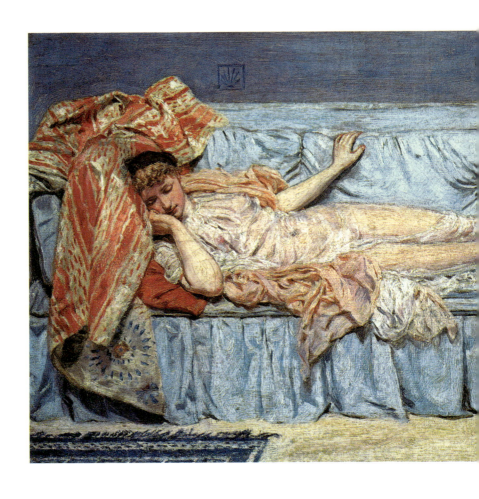

《百合》 艾伯特·约瑟夫·摩尔 Albert Joseph Moore 1866 年

在欧洲古代社会，人们普遍认为，穿白色衣服的姑娘是纯洁自爱的。在这个白衣女子的旁边，纯白直立的百合花绽放着，正好表现了这一寓意。

● *Babiana tubulosa (Burm.f.)*
Ker Gawl. 1827 var. tubulosa   ❧ 鸢尾科   ⚲ 南非

25

长颈狒狒花

心迹未予外人阅，
花枝一束故人香。

——〔日本〕紫式部
《源氏物语》

长颈狒狒花喜欢温暖和日照充分的环境。它的叶为剑形，直立、
有褶皱；花有6瓣，其中3片花瓣上有明艳的红色斑点，花筒细长，
呈淡红色。它的花形小巧奇特，在园艺中很受欢迎。

Ixia rapunculoides Delile in Redout 1814 ❯❯ 鸢尾科　小鸢尾属　❢ 非洲

26

风铃小鸢尾

我渴望随着命运指引的方向，
心平气和地、没有争吵、悔恨、羡慕，
笔直走完人生旅途。

——［法国］保罗·魏尔伦

风铃小鸢尾长有球茎；叶带状，先端渐尖；花莛细长，是株高
的 2 ~ 3 倍；花呈六瓣，伞形开放，花为淡紫色，有不明显花筒。

● *Ixia flexuosa L. 1762*   ❯ 鸢尾科 小鸢尾属   ❘ 非洲

27

弯茎小鸢尾

我喜欢今天这样的日子，
喜欢铁灰色的天空，
喜欢严寒中庄严肃穆的世界，
喜欢桑菲尔德，
喜欢它的古色古香，
它的旷远幽静，
它乌鸦栖息的老树和荆棘，
它灰色的正面，
它映出灰色苍穹的一排排黛色窗户。

——［英国］夏洛蒂·勃朗特《简·爱》

弯茎小鸢尾有球茎和深色块状根。它有闭合的叶鞘和平行的叶脉；有 6 片花瓣，花呈白色，基部有淡粉色放射状条纹，在自然界也有紫色或紫红色的品种。

● *Convallaria majalis L. 1753*   ❧ 百合科　铃兰属　❦ 欧洲

28

铃 兰

假如白日已逝，
鸟儿不再鸣唱，
风儿也吹倦了，
那就用沉重的帷幕将我盖上，
如同你用睡眠的衾被裹住大地，
轻柔地合上黄昏时分睡莲的花瓣。

———［印度］泰戈尔《当白日已逝》

铃兰喜欢生长在阴冷、湿润、凉爽的环境当中。它的外形如同
铃铛，因而得名。铃兰可以入药，对心力衰竭、心房纤颤等均
有效果。

● *Iris lutescens Lam. 1789* ❥ 鸢尾科 鸢尾属 ❦ 欧洲

29

黄花矮鸢尾

一切卑劣的弱点，
在恋爱中都成为无足轻重，
而变成美满和庄严。
爱情是不用眼睛而用心灵看的，
因此生着翅膀的丘比特常被描成盲目。

——［英国］莎士比亚《仲夏夜之梦》

黄花矮鸢尾多生长在海拔较高的寒冷地区。它的叶直立，可长至30厘米；旗瓣较大，垂瓣基部淡黄，有淡紫色花纹，花期多在3～4月。自然界多见紫色、白色、黄色品种，也有较珍贵的双色品种。

《鸢尾花小径》　克劳德·莫奈 Claude Monet　1914 — 1917 年

30

鸢尾花小径

鲍勃·迪伦曾在歌中唱过："比花更脆弱，这些珍贵的时间。"他说自己很多的创作都来源于花，花能够让他的内心获得一种宁静，保持一种童趣。走在布满花的小径上，人应该也会爽朗起来。

● *Iris orientalis Mill. 1768* ❥ 鸢尾科 鸢尾属 ❘ 沿地中海地区

31

乳白鸢尾

茅屋里没有金和银，
却有一对亲爱的人。
时刻地相互凝视，
他们多么情深。
这茅屋又小又破烂，
伫立在岸上多孤单。
但里面有着最大的幸福，
因为有爱人作伴。

——［丹麦］安徒生《茅屋》

乳白鸢尾在世界各地都有分布，并且有非常悠久的栽培历史。自然界中常见的鸢尾多为蓝色、紫色，所以乳白鸢尾的颜色很容易引起人们的注意。

● *Iris ×sambucina L.* ❯ 鸢尾科 鸢尾属

32

接骨木
杂交鸢尾

我永恒的灵魂，
注视着你的心，
纵然黑夜孤寂，
白昼如焚。

——［法国］兰波
《地狱一季》

接骨木杂交鸢尾的花朵很大，颜色鲜艳。其芬芳的地下茎可以
用来做酒的芳香剂，还可以用它提炼出的油做香水。

　　　《奥林匹亚》　爱德华·马奈 Edouard Manet　　1863 年

33

奥林匹亚

　　这幅画中所绘的女子是维多琳·默兰，她的面孔和身体仿佛是十九世纪的玛丽莲·梦露。她半躺在床上，浑身充满了性感的魅力。而周围的枕头、褥单、花色围巾和女黑奴衣服，都是她性感魅力的点缀。她头发上的兰花很容易让人联想到性，人们相信这种花具有催情的效果。

● *Colchicum autumnale L. 1753* ❥ 秋水仙科　秋水仙属　🌱 欧洲

34

秋水仙

雅典的少女呵，
在我们临别以前，
把我的心，
把我的心交还。
或者，既然它已经和我脱离，
那就，那就留着它吧，
把其余的也拿去。

——［英国］拜伦《雅典的少女》

秋水仙多生长在草地、荫坡、林下等地。它具有膨大的球茎；
叶大多为茎生，直立生长，呈中绿色；花呈淡紫粉色，花药向内。
它的花期多在秋季，所以它的拉丁名中带有 autumnale。

● *Cymbidium aloifolium (L.) Sw. 1800* ❧ 兰科　蕙兰属　🌱亚洲

35

纹瓣兰

我知道只需一瞥，
仅仅一瞥，
我的心已为她所有。

——［法国］莫泊桑
《漂亮朋友》

纹瓣兰特指这种花瓣上的有纹理的兰花。它的鳞茎粗壮；叶片宽大，直立性强，质感丰厚；花序下垂，花被基部有紫红色线条，花莛弯曲下垂；花期在 7 ~ 8 月。

《黄色的鸢尾花和粉红色的云》 克劳德·莫奈 Claude Monet 1914 年

36

黄色的鸢尾花
和粉红色的云

　　莫奈的画作总是尽情展现眼前的世界，抒发内心的向往。莫奈将看似平常无比的黄色鸢尾花和天色将晚的云朵，用充满对比的明快颜色呈现出来，展现了一种别样的自然之美。看着这幅画，人们就像走在回家的路上，轻松愉快。

Allium albidum Fischer ex
Bieb. 1819 subsp. albidum

❤ 葱科 葱属 ❦ 东欧

37

白 蒜

你们认识她吗?
她是令人神迷的花朵,
沐浴着初升的阳光,
偷来朝霞的颜色,
我的心灵将她当作一首歌。

——［尼加拉瓜］鲁文·达里奥《她》

白蒜的根状茎一般为多枚聚生,外皮白色;叶呈线形;花莛呈柱形,花序为伞状球形,花白色,花为 6 瓣,花药为黄色。

• *Allium ursinum L. 1753* ❧ 葱科 葱属 ❦ 欧洲、亚洲

38

阔叶葱

有一个美丽富饶的地方，
人称作理想的乐土，
我憧憬着和一个旧情人一起去那里旅行。

——［法国］ 波德莱尔《巴黎的忧郁》

阔叶葱为伞形花序，圆柱形花葶，多花密集；叶可入药，叶片
较宽，所以得名阔叶葱。它的别名为熊葱。

《夜晚的鸢尾花园》　蒂莫西·伊斯顿 Timothy Easton

39

夜晚的鸢尾
花园

鸢尾花的花瓣形如鸢鸟的尾巴，且花色
丰富，所以，人们用古希腊神话中彩虹女神
的名字 Iris 为其命名。法国人尤其钟情鸢尾，
并将其定为国花，放在法国的国徽上。画家
笔下的鸢尾，在微风的吹拂下，像一只只跳
舞的鸟儿。

086　　● *Allium tataricum L.f. 1782[1781]*　❅ 葱科　葱属　🔸 亚洲

鞑靼韭

当你的灵魂变得宁静、
和平、喜悦时，
你的眼睛就有一种深度、
清澈、纯洁、天真。
它们变得如此透明，
以至于你能够看到一个人的灵魂。

——［德国］尼采
《查拉图斯特拉如是说》

鞑靼韭为小型草本植物。它的叶子为暗绿色，略显红褐色；球茎较小，外被绒毛；伞状花序半球形；叶带状，至先端渐尖且有扭转。

《圣母领命》　西蒙·马提尼 利波·梅米 Simone Martini & Lippo Memmi　1333 年

41

圣母领命

　　《圣母领命》指的是天使向玛利亚告知她将受圣灵感孕而即将生下耶稣，这个故事出自《圣经·新约·路加福音》。在以宗教故事为主题的绘画作品当中，我们总是能够见到百合的身影。尤其是在圣母玛利亚出现之后，纯白的百合成为了圣洁的符号。

● *Vagaria parviflora (Desf.) Herb. 1873* ❤ 石蒜科 ❦ 亚洲

42

小花流浪
百合

你不要说我喜欢你，
你要说这夏夜的月色真美丽。

——［日本］夏目漱石

小花流浪百合的花序为聚伞状，多为白色，花瓣中间有暗色条纹。
此花多用于盆栽，是很好的观赏植物。

● *Gladiolus Cardinalis Curtis. 1790* ❥ 鸢尾科 唐菖蒲属 ❘ 非洲

你这个美丽可爱的小鸟，
你要把我的心衔到什么地方去呢？

——［美国］夏洛蒂·勃朗特《简·爱》

新年百合的叶呈带状，基生叶长，茎生叶较短；总状花序，绿色
苞片，花色为红色，花被裂片且分成两轮。其花色艳丽但不失典雅，
常用于新年及庆典中。

Scilla obtusifolia Poiret
1789 subsp. obtusifolia

❧ 石蒜科　绵枣儿属　🌶 沿地中海地区

44

硬叶海葱

长日尽处，
我站在你的面前，
你将看到我的疤痕，
知道我曾经受伤，
也曾经痊愈。

——〔印度〕泰戈尔
《飞鸟集》

硬叶海葱是多年生草本植物。它的鳞茎呈卵圆形，外皮褐色；叶呈带状，叶质较厚，直立生长；花在开放前密集，开放后竖立；花呈粉红色，有6片花瓣。

● *Nerine undulata (L.) Herb. 1821* ❧ 石蒜科 尼润兰属 ❧ 南非

45

南非尼润兰

不要着急，
最好的总会在最不经意的时候出现。

——〔美国〕摩西奶奶
《人生永远没有太晚的开始》

南非尼润兰的花为深粉色，花瓣 6 枚；花莛自叶间抽出，高度可达株高的 2 倍。它在热带地区是常绿植物，在较冷的地方老叶会有枯萎，但仍可保持常绿性，所以多用来布置多年生混合花坛。

　《百合花中的女王》　约翰·阿特金森·格里姆肖 John Atkinson Grimshaw　1877 年

46

百合花中的
女王

　　百合花清新雅致、颜色洁白，与繁花
总是形成鲜明对比，其气质也是常人所不
可及。其花香诱人、沁人心脾，更是脱俗
高洁。在人们的印象当中，纯白的百合花
始终与清新典雅联系在一起，如画中的白
裙女子，在繁花中更显清纯。

● *Leucojum trichophyllum Schousb. 1800* ❥ 石蒜科　雪片莲属 ❗沿地中海地区

47

三叶雪片莲

每当我躺在床上不眠，
或心神空茫，或默默沉思，
它们常在心灵中闪现，
那是孤独之中的福祉；
于是我的心便涨满幸福，
和水仙一同翩翩起舞。

——［英国］华兹华斯
《我孤独地漫游，像一朵云》

三叶雪片莲花形娇小，宛如飘落人间的仙子。它在欧洲被当作代表春天来临的标志，牧场上成片盛开的雪片莲象征着春天来临的喜悦。

　● *Canna glauca L.1753*　❧ 美人蕉科　美人蕉属　❦ 南美洲

心灵纯洁，
没有任何仇恨的感情，
毫无疑问会延长青春的期限。
大部分漂亮的女人最先衰老的是容貌。

——［法国］司汤达《红与黑》

蓝绿美人蕉多年生直立草本植物。有粗壮的根状茎；叶互生，
为椭圆形，叶片灰绿色；花多为黄色。此花常用于庭院栽培。

● *Anthericum liliago L. 1753*   ❥ 猴面包科　猴面包属　❗欧洲、亚洲、非洲

49

圣伯纳德
百合

没有眼里所无法看见的花朵，
更无心中所不愿思慕的明月。

——［日本］松尾芭蕉

圣伯纳德百合是多年生草本植物。它有根状茎；叶为带状，暗
绿色；花莛顶端通常可分生出几个总状花序，开白色小花，花
瓣多 6 枚，花药为黄色。此花多被栽种于花境、岩石园中。

《四季》 克兰·沃尔特 Crane Walter

50

四季

　　洁白的百合在希腊神话中用来献给人们
心目当中圣洁的女神。图中穿着白色连衣裙,
左手拿着白色百合的是春季之神。百合在春
季破土而出,象征着万物的苏醒。

● *Asphodeline taurica (pallas ex Bieb.) Kunth. 1843*   ❧ 日光兰科　日光兰属   🌱 欧洲、亚洲

爱情中的甜浆可以抵消大量的苦液，
这就是对爱情的总的褒誉。

——［英国］济慈

流星雨的叶窄，呈条形，灰绿色；花序成穗状，花朵为白色，
花瓣 6 枚。人们相信这种花是标准的野生植物，所以便赋予它
野性的含义。

　　●　*Asphodeline fistulosus L. 1753*　❥ 日光兰科　日光兰属　🍶 欧洲

52

洋葱草

当一个人不能拥有的时候，
他唯一能做的便是不要忘记。

—— ［法国］普鲁斯特
《追忆似水年华》

洋葱草属于较耐寒的花卉品种，在我国华北地区稍加管理便可
露地越冬。洋葱草的叶片较窄，呈三角棱状；花莛自叶丛中抽生；
花型娇小，花瓣6枚。常用来装饰美化花坛。

　　《田园诗》　艾伯特·约瑟夫·摩尔 Albert Joseph Moore　1892 年

53

田园诗

在西方，花园中经常会种植百合或鸢尾。这幅画中，女子浓情蜜意地伏在男子的背上，两人好似在说着悄悄话。在女子的背后，生长着的是火红的百合。火红的百合通常的寓意是热情、快乐的爱，在这里也象征女子如火的爱。

　　● *Erythronium dens-canis L. 1753*　❥ 百合科　❢ 南欧

54

犬牙百合

若我会见到你，
事隔经年。
我如何和你招呼，
以眼泪，以沉默。

——［英国］拜伦《春逝》

犬牙百合是小型花卉，花朵下垂，其花多为紫色、红色或暗
粉红色等。此花多种植于假山花园、岩石庭院中。其主要特征
是鳞茎较长，似大型的狗牙，因此它的英文俗称为 Dog-tooth
Violet。

　　● *Scilla amoena L. 1753*　　❧ 风信子科　绵枣儿属　🌶 亚洲

55

拜占庭
绵枣儿

我曾宣誓，
我爱着，
不抱任何希望，
但并不是没有幸福——
只要能看到你，
我就感到满足。

——［法国］缪塞《雏菊》

拜占庭绵枣儿是多年草本植物。它的叶呈带状，叶脉明显，半直立生长；总状花序，在花茎顶端形成蓝紫色的花穗；花期多在春季。

《回音与水仙》　约翰·威廉姆·沃特豪斯 John William Waterhouse　1903 年

　　那喀索斯是希腊神话中的美男子，他的美貌和骄傲都已经到了极致。有一天，那喀索斯走到清澈的湖边，竟然爱上了自己在水中的倒影。为了不愿意失去湖中美貌的自己，他日夜守在湖边，最终像花儿一样枯死。宙斯怜惜他的美貌和遭遇，就把他变成了水仙花，始终生长在水边。

120　　●　*Anomatheca verrucosa*
　　　　(Vogel in Trew) Goldbl. 1971　　❂ 鸢尾科　　🌶 非洲

如果记住就是忘却，
我将不再回忆。
如果忘却就是记住，
我多么接近于忘却。
如果相思，是娱乐，
而哀悼，是喜悦，
那些手指何等欢快，
今天，采撷到了这些。

——［美国］艾米莉·狄金森
《如果记住就是忘却》

疣根鸢尾是小型球茎花卉。它有深褐色的球茎，外被细毛；叶片基
生，卵状，长椭圆形；花茎从叶丛中抽出，花茎细长；总状花序顶
生，花形较小，粉红色，具有细长的花筒。

● *Ixia latifolia D. Delaroche 1766* ❦ 鸢尾科　小鸢尾属　♟ 非洲

58

阔叶小鸢尾

给你，我的誓言；
给你，我的心，
为了讨你喜欢；
现在已经到了春天，
充满着鸟语花香！

——［西班牙］胡安·拉蒙·希梅内斯
《星期日》

阔叶小鸢尾多喜光照，抗旱能力很强。它的花色鲜艳，花瓣为
长椭圆形，花筒不明显。在园艺中多盆栽或被用于布置花境、
岩石园等。

《圣餐百合》　玛格丽特·奥雷 Margaret Olley　1963 年

59

圣餐百合

　　圣餐是基督教中重要的一项仪式和盛会。圣经中记载，圣餐开始于耶稣被钉上十字架的前一天，也就是"最后的晚餐"。之后基督教用这样的形式来祈祷。百合挺拔、洁白，人们认为它们有圣洁的象征意义。所以在圣餐上，自然也少不了百合花束。

● *Sparaxis bulbifera (L.) Ker Gawl. 1805* ❯ 鸢尾科 ❘ 非洲

60

珠芽丑角花

世上最甜美的欢乐，
都是忧伤的果实。
人间最纯美的东西都是从苦难中来的。
我们没有经历过艰难，
怎么懂得去安慰别人。

—— 《圣经》

珠芽丑角花对生长环境要求比较低，在路边环境也可以开枝散
叶。它在温度、营养适宜的情况下，球状茎上可萌生小的珠芽，
多以此种方式进行繁殖，因而得名。

● *Ixia monadelpha D.Delaroche 1766* ❧ 鸢尾科　小鸢尾属　❦非洲

61

小鸢尾

叹出的是气，归到大气里，
眼泪是水，归到大海里，
告诉我，女郎！你可知道，
忘却的爱情归向哪里？

——［西班牙］古·阿·贝克尔
《叹出的是气》

小鸢尾是小型草本植物。它的植株细弱，带状叶从叶鞘中抽出；花茎一般可长至株高的 2 倍；顶部生小型总状花序，萼片深紫红色，花色多为紫色或粉色。此花多用于盆栽或园林露天种植。

● *Colchicum arenarium Waldst. & Kit. 1805* ❧ 秋水仙科　秋水仙属　❦ 欧洲

跟你谈心，我把时光全忘了；
忘了季节，和季节的变化；
也想不起了；清晨的气息最甜。

——［英国］弥尔顿《夏娃的爱情》

沙地秋水仙花瓣6枚，花蕊黄色，花呈紫红色；长有根状茎，
外皮光滑深褐色；叶呈带状，具明显叶脉，花凋谢后叶抽出。

　　《被祝福的少女》　但丁·加百利·罗塞蒂 Dante Gabriel Rossetti　1871 年

63

被祝福的
少女

　　这幅画描绘的是死后升入天堂的女
子，看到了自己在凡间的恋人，于是思念
之情油然而生，所以手捧百合，暗暗向上
帝祷告。而她的恋人在凡间等待着死亡，
期待能够到达天堂结束这恋人的分离之
苦。画中的百合就是他们纯洁爱情的见证。

● *Nerine humilis (Jacq.) Herb. 1821* ❱ 石蒜科 尼润兰属 ⚑ 非洲

64

高山百合

黎明孵出的芳香，
永远躺卧在晨星麦草上的黎明，
如同白昼因纯洁而透亮，
世界取决于你的明目，
我的血液在你的波光中流淌。

——［法国］保尔·艾吕雅
《你眼睛的曲线》

高山百合为冬季生长的落叶植物。它有白色球茎，外皮灰褐色；叶呈线形，细长，一般可长至30厘米；秋季开花，可开20朵左右，花色淡粉，有深粉色条纹，花瓣边缘有褶皱。

Dracaena fragrans (L.) Ker Gawl. ❦ 龙血树科 龙血树属 🌱 非洲

爱我的，我报以叹息。
恨我的，我付之一笑。
任上天降下什么运气，
这颗心全已准备好。

——［英国］拜伦
《写给托马斯·摩尔》

巴西铁树喜高温多湿。它的叶呈淡绿色，叶形优雅，是著名的
观叶植物，多用于园林观赏，同时也为现代室内装饰所青睐。

《手持百合的艾菲肖像》 玛丽·斯帕尔塔利·斯蒂尔曼 Marie Spartali Stillman

66

手持百合的
艾菲肖像

　　百合朝上生长，枝节总是朝着最高最
远的方向延伸。百合的花瓣洁白无瑕，一
点污秽沾在上面都会很显眼。圣经里讲到
百合"思念上面的事，不思念地上的事"
（西 3：2）。做人也应像百合，积极向上、
谨言慎行。

● *Ixiolirion tataricum (pall.) Herb. 1821* ❥ 鸢尾蒜科 鸢尾蒜属 ⚑ 亚洲

67

鞑靼鸢尾
百合

我爱你，只是因为你美艳，
而我的星辰也怀着同样的心愿。
我对你，亲爱的人儿，
一无贪图，只期望你给我痛苦。

——［意大利］托奎多·塔索《我爱你》

鞑靼鸢尾百合是多年生草本植物。其株高一般可达 40 厘米；花
呈漏斗状，一般开花 10 朵左右，稀疏地着生在小花枝上；花多
为蓝色或者蓝紫罗兰色，花期为暮春至早夏。

● *Sagittaria sagittigolia L. 1753* ❧ 泽泻科　慈姑属　❦ 欧洲、亚洲

68

慈 姑

当我离开的时候，
那双明亮的眼睛，
脉脉含情，泪水莹莹。
有谁能告诉我，
它们现在的情景？
对我可有思念之情？

——［葡萄牙］卡蒙斯
《当我离开的时候》

慈姑为多年生水生草本植物。在园林中它多被种植于池塘绿化
水面，点缀水景，也可盆栽。球茎含大量淀粉，常用于食用或酿酒。
把慈姑捣烂外敷，还可治恶疮丹毒和毒虫咬伤。

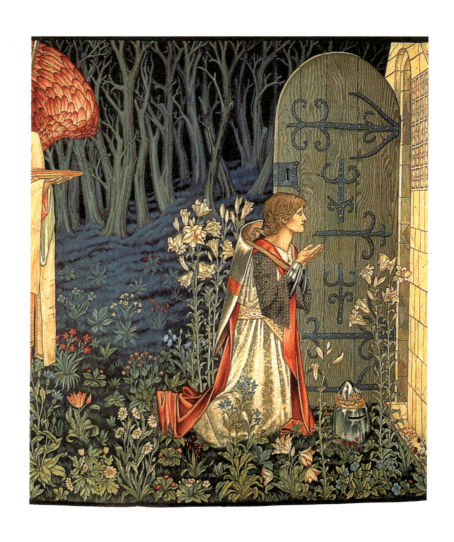

《获得圣杯》　爱德华·伯恩 - 琼斯　Edward Burne-Jones　1890 年

69

获得圣杯

在基督教中，百合花可以说是无处不在。在这幅关于"圣杯"传说的作品中，圣徒几经艰难，终于找到基督在"最后的晚餐"中用过的圣杯。画面中，百合在圣徒的周边盛开，表现出圣徒内心的纯净和忠贞。

● *Fritillaria persica L. 1753* ❧ 百合科 贝母属 🏵 亚洲

波斯贝母

希望长着翅膀，
栖息在灵魂上，
唱着无言的歌，
永远不会消亡。

——〔美国〕艾米莉·狄金森
《希望》

波斯贝母喜欢在排水良好、阳光充足的环境中生长，花朵的数量极多，密集生长在花穗顶端。花色为暗紫色，奇异诱人，多用于园艺。

● *Hemerocallis lilioasphodelus L. 1762* ❯ 百合科　萱草属　🌶 欧洲

71

日花百合

趁天空还明媚，蔚蓝，
趁着花朵鲜艳，
趁眼睛看来一切美好，
趁夜幕还没降临，
趁现在时流还平静，
做你的梦吧，且憩息，
等醒来再哭泣。

——［英国］雪莱《无常》

日花百合主要生长在温带的地区。它通常在凌晨开放，夜晚闭合，
所以被称为"日花百合"。在古代中国，远离家乡的游子会在
母亲住处种上它，以慰藉母亲思念的心。

鸢尾花园　Garden of Iris

72

鸢尾花园

　　花园是每个人假想的避难所。导演德里克·贾曼曾这样描述对花园的感想："我视花园为一种治疗、一张处方单。我搜集了更多的浮木和石头，把它们放进花园。我可以一个小时都凝望着一株植物，这能给我带来巨大的宁静。"

它像诗人一样地降临到城内，
让微贱之物的命运变得高贵，
像个国王，没有声响，没有随从，
走进所有的医院，所有的王宫。

——［法国］波德莱尔《太阳》

野生郁金香为多年草本植物，适应冬季湿冷和夏季干热的气候。
其花单生，多为黄色，花形呈星星状；叶片呈线形，浅绿色。它
作为一种广为栽培的花卉，在园艺中非常受欢迎。

Hyacinthoides italica (L.) Rothm. 1944 ❤ 风信子科　风铃草属　🌱 欧洲

仿佛昨日如此之远，
而久忘的却近在眼前，
太古的童话时代迎我而立，
似一座打开门的花园。
也许今天悠然醒转，
我沉神千年的远祖，
借我的声音说话，
在我的血中复苏。

——［德国］赫尔曼·黑塞《倾听》

意大利蓝铃花是多年生草本植物，其植株较矮小，外皮白色；
花朵生于花莛上部并向上生长，花开前花序密集，花开后疏散；
花朵有淡香，多为蓝色、粉色或白色；花期在暮春。

《年轻姑娘和郁金香》 亨利·马蒂斯 Henri Matisse 1910 年

75

年轻姑娘和
郁金香

　　荷兰人认为郁金香是世界上最美的花卉，并将其奉为国花。它是世界上唯一拥有自己节日的花卉。相传古代有三位勇士同时爱上了一位少女，他们三个人分别送给她一顶皇冠、一把宝剑和一个金块，但她不知如何选择。她向花神祈祷，花神将这三个礼物合起来，就变成了一朵郁金香。所以，郁金香也常用来表达爱慕之情。

● *Gynandiris sisyrinchium (L.) Parl. 1854* ❥ 鸢尾科 📍 沿地中海地区

我曾幻想你会如约归来，
但我老了，
淡忘了你的姓名。

——［美国］西尔维娅·普拉斯
《疯丫头的情歌》

巴巴里鸢尾有球茎，球茎下有膨大的块状根；茎叶较长，可达
株高的 2 倍以上；花瓣有 6 枚，花朵呈淡紫色，花开后分为两轮，
外轮花瓣较大，基部有重叠的白色和橘黄色斑点。

160　　● *Babiana villosa (Aiton) Ker Gawl. 1802*　　❯❯ 鸢尾科　　❘ 南非

77

猩红狒狒花

人只要没有失去记忆，
就能够在梦中与故人相见。

——［日本］谷崎润一郎《春琴抄》

猩红狒狒花喜欢生长在充满阳光的环境中。它有球茎及块状根；
叶片呈舌状，具有明显的平行叶脉；花茎从叶丛中抽出，可长至
株高的 2 倍；顶生总状花序，每株开花 5～8 朵，多暗红色品种。

《梅尔梅森城堡 》 加尔内利 Garneray

　　画家加尔内利用水彩描绘了约瑟芬皇后的梅尔梅森城堡的内景。城堡中有花园，有温室，这里收集和栽培了来自世界各地的无数种花卉。拥有这样一座城堡，可以说是每个爱花之人的梦想。

● *Crocus sativus L. 1753* ❦ 鸢尾科　番红花属　🖂 欧洲

79

番红花

陪伴是最好的爱，
可以抵挡世间所有的坚硬，
温暖生命所有的岁月。

——［美国］摩西奶奶
《人生随时可以重来》

番红花为鸢尾科多年生草本植物，6 片花瓣，花为紫红色，开
放后呈漏斗状。它的雌蕊部分可作为香辛料或药物，为人们广
泛使用。

● *Tritonia lineata (Salisb.)*
Ker Gawl. 1805 var. lineata

❊ 鸢尾科　鸢尾兰属　❦ 非洲

80

线纹鸢尾兰

可悲啊，冬天到来，
我到哪里去采花，
哪里去寻日光，
和地上的荫处？
四壁围墙，
冷酷而无言，
风信旗在风中瑟瑟作响。

——〔德国〕荷尔德林
《浮生的一半》

线纹鸢尾兰是多年生草本植物。它的叶呈带状，有明显的中脉；花茎从叶间抽出，花呈淡黄色，花瓣上可见规则的线纹。线纹鸢尾兰的外形娇艳大方，常用于园林美化。

　　《黎巴嫩的新娘》　约翰·威廉·沃特豪斯 John William Waterhouse　　1891 年

81

黎巴嫩的
新娘

　　这幅画表现的是《圣经》中《雅歌》的诗文："和我一起离开黎巴嫩，我的新娘。"画面中，风吹动着新娘，百合在风中摇曳。而画面上方两个随风飘摇的人则是风神。百合遇风也不倒，足见其坚贞与不屈。

● *Tritonia squalida (Aiton.) Ker Gawl. 1802* ❧ 鸢尾科　鸢尾兰属　🍃 非洲

82

硬莛鸢尾兰

在虔诚的气氛中长大的少女，
天真，纯洁，
一朝踏入了迷人的爱情世界，
便觉得一切都是爱情了。
她们徜徉于天国的光明中，
而这光明是她们的心灵放射的，
光辉所布，又照耀到她们的爱人。
她们用胸中如火如荼的热情点燃爱人，
把自己崇高的思想当作他们的。

——［法国］巴尔扎克《欧也妮·葛朗台》

硬莛鸢尾兰是多年生草本植物，它的叶呈带状，具有明显的中脉，叶互生；茎硬直立，暗绿色，花茎从叶间抽出；花开时同朝一侧，大体紫红色，边缘呈淡粉色，花开后基本朝向一侧。

172　　　●　*Gladiolus undulates L. 1767 non Jacq.*
　　　　1791 nec DC. in Redout 1805

❤ 鸢尾科　唐菖蒲属　❦ 非洲

她将是朵盛开不败的鲜花，
如果你永远爱她！

——［英国］济慈《希腊古瓶颂》

凌波美人为多年生草本植物。其基生叶窄，深绿色；花莛直立，
总状花序顶生，苞片披针形，花被筒细长；花色微黄，花分成两轮，
中部有红色斑点，颜色典雅。

● *Sisyrinchium striatum Sm. 1792*   ❤ 鸢尾科 庭菖蒲属   ❦ 非洲

84

条纹庭菖蒲

你来，我为有你而痴狂。
我的心为欲望燃烧，
你的呼吸使它清凉。

——［古希腊］萨福

条纹庭菖蒲是多年草本植物。它的叶子呈条状披针形；花多为
淡黄色，它的花筒较短，花瓣卵圆形。它最明显的特征是花瓣
上有条纹，所以被称为条纹庭菖蒲。

《窗边花束》 马克·夏加尔 Marc Chagall 1959 — 1960 年

85

窗边花束

　　女人就像花儿。女人行走在大街上，就是一座座移动的花园；坐在窗户前，就像一束花一样迷人。画中的花束和窗边的女人，营造出谜一般的意境。整幅作品犹如梦的碎片，在不同图案的撞击中形成一个既梦幻又现实的新世界。

• *Tradescantia virginiana L. 1753* ❧ 鸭跖草科　紫露草属　♟ 美洲

86

弗吉尼亚
紫露草

听夏天热烈的沙沙声，
好像节日就在我的窗畔。
我对这一天早有预感，
明朗的日子和空空的房间。

——［俄罗斯］阿赫玛托娃《判决》

弗吉尼亚紫露草是多年生草本植物。全体近无毛，根粗壮；基
生叶丛生，呈带状；茎由叶丛基部抽出，茎生叶互生；总状花序，
花在花蕾时下垂，花开时直立，花瓣紫色，勺状椭圆形。

Hosta ventricosa Stearn. 1931 ❧ 玉簪科　玉簪属　🌱 亚洲

一个人只要学会了回忆，
就再不会孤独，
哪怕只在世上生活一日，
你也能毫无困难地凭回忆在囚牢中独处百年。

——［法国］加缪《西西弗斯的神话》

紫萼为玉簪科多年生草本植物，其植株较矮。花为 6 瓣，花色为
淡紫色。紫萼的花可入药，可用于治疗遗精、吐血、咽喉红肿等
症；它的根、茎、叶亦可供药用。

《鸢尾花》 文森特·威廉·梵·高 Vincent Willem van Gogh 1890 年

88

鸢尾花

鸢尾是很平常的一种花，路边的花坛里总能看到它的身影。梵·高笔下的鸢尾孤寂地绽放，但却充满了灼心的力量。它以一种高冷的姿态存在着，展现了生命的倔强，嘲笑着世间的艳俗。

   ● *Bletia purpurea (Lam.) DC. 1840*   ❤ 兰科   🍂 北美洲、拉丁美洲

89

勃莱特兰

爱情是除了爱别无所爱，
即使在人群中也感受不到他人的存在。
爱情的欢乐没有止境，
只有在牺牲自我中才能获得。

——［葡萄牙］卡蒙斯
《爱情是不见火焰的烈火》

勃莱特兰为半附生花卉。它有平坦卵形的根状茎；花序疏松，
可开 30 ～ 80 朵紫粉色花，唇瓣中央黄色，花期多在 11 月至次
年 5 月。

Agapanthus praecox Willd. 1809
subsp. Praecox

❯ 葱科　百子莲属　❘ 非洲

那是蓝色九月的一天，
我在一株李树的细长阴影下，
静静搂着她，
我的情人是这样，
苍白和沉默，
仿佛一个不逝的梦。

——［德国］贝尔托·布莱希特
《怀念玛丽安》

尼罗百合的叶色浓绿光亮，花蓝紫色，花期在夏、秋两季。它的花形秀丽，花色明快，花朵繁茂，常用于布置花坛或装饰厅堂。

188 闻香 Smell

91

闻 香

人生路上，有时候充满花香，有时候
尘土飞扬。能够享受当下，就乐在其中。

● *Allium saxatile Bieb. 1798* ❧ 葱科 葱属 ❡ 欧洲、亚洲

92

岩生韭

我生活在妙不可言的等待中，
等待随便哪种未来。

——［法国］纪德《人间食粮》

岩生韭有多枚聚生的鳞茎；叶呈线形，聚生，有叶鞘，白色且
完全闭合；花为紫红色，成伞状花序球形，岩生韭的花为 6 瓣，
花心暗色。

● *Narcissus ×incomparabilis Mill. 1768* ❯ 石蒜科　水仙属　🌱 欧洲

93

明星水仙

我并不是一个道德完善而高尚的人，
我的爱就是我的全部。
但是我爱得强烈，
专注，而且恒久。

——［法国］乔治·桑

明星水仙为一种人工培育的品种，它的亲本分别为红口水仙和
黄水仙，它继承了其亲本各自的优点，具有明显的副冠和明艳
纯净的黄色。

《百合花》 阿尔丰斯·穆夏 Alphonse Mucha 1897 年

94

百合花

　　她的面庞被洗过了，她的心灵也被洗过了。一切都像微风过后一样清香，只因这风中有百合的香味。

● *Yucca aloifolia L. 1753* ❯ 龙舌兰科 丝兰属 ❘ 美洲

我只是从一个清冽而富有生气的源泉
汲取养分，而生活又苦涩，又甜蜜，
只有一只纤手才能医治我，深入我的心房。
我受苦受难，也无法到达彼岸；
每天我死亡一千次，也诞生一千次，
我离幸福的路程还很漫长。

——［意大利］彼特拉克
《此刻万籁俱寂》

芦荟丝兰是一种常绿木质化草本植物。开若干钟状小白花，基部带有紫色斑晕，有浓郁的香味。花期多在春、秋季。

● *Pontederia cordata L. 1753* ❧ 雨久花科 ❦ 美洲

96

雨久花

也许我爱的已不是你，
而是对你付出的热情。
就像一座神庙，
即使荒芜，
仍然是祭坛。
一座雕像，
即使坍塌，
仍然是神。

——［俄罗斯］莱蒙托夫
《献给我不真实的爱人》

雨久花是水生草本植物，生长环境多为淡水池塘沟边、稻田或
海滨湿地等。它的根状茎特别发达，长且粗壮，它的嫩叶可以
作为蔬菜；整株植物都可以入药。

● *Hippeastrum puniceum (Lam.) Voss 1895* ❥ 石蒜科 朱莲属 ❧ 美洲

97

红花巴巴
多斯百合

我爱你，可是不说，
只是对你微笑；
我爱着，只在我心里，
不必知晓你心里对我的感觉。

——［法国］缪塞《雏菊》

红花巴巴多斯百合的叶从鳞茎中央抽出，叶扁平淡绿；花呈喇叭形，花色为红色。其花有白色或红色条纹，是这种花的显著特征。

《修道院中的思考》　查尔斯·奥斯顿·克林斯　Charles Austen Collins　1850 — 1851 年

98

修道院中
的思考

在这幅画中，修女在低头沉思，一手
拿着神圣的福音书，一手轻轻拿着金盏花。
距离修女最近的是白色的百合，象征着修
女内心的圣洁。旁边红色的卷丹也是百合
花的一种，象征着忠诚和热情。镶嵌这幅
画的画框上也有两株百合，足见基督教对
于百合的重视。

● *Leucojum aestivum L. 1759* ❧ 石蒜科 雪片莲属 ❗ 欧洲

三十年在一起，
比爱情更清澈。
我熟悉你的每一道纹理，
你了解我的诗行。

——〔俄罗斯〕茨维塔耶娃
《桌子》

夏雪滴花常生长在林地、灌木丛与草原。暮春至早夏开放，花
瓣为白色，叶片浓绿，是很美的自然景观。

Iris germanica L. 1753 var. florentina (L.) Dykes 1913   ❧ 鸢尾属   ⚑ 欧洲

只要有一双真诚的眼睛陪我哭泣，
就值得我为生命受苦。

——［法国］罗曼·罗兰《欣悦的灵魂》

金百合也叫香根鸢尾。其花朵硕大，多开淡紫、深紫、纯白、
白黄色花。金百合是幸福的象征，外形宁静、和谐、大方。

图书在版编目（CIP）数据

一念永恒 / 阿莱编著 . —— 北京 : 北京联合出版公司, 2017.8

ISBN 978-7-5596-0733-1

Ⅰ . ①一… Ⅱ . ①阿… Ⅲ . ①艺术 – 作品综合集 – 世界②爱情诗 – 诗集 – 世界③百合 – 观赏园艺 Ⅳ . ① J111 ② I12 ③ S682.2

中国版本图书馆 CIP 数据核字 (2017) 第 168192 号

一念永恒

项目策划　紫图图书ZITO®

监　制　黄　利　万　夏

作　者　阿　莱

责任编辑　徐　鹏

特约编辑　宣佳丽　刘长娥　赵　赟

装帧设计　紫图图书ZITO®

北京联合出版公司出版

（北京市西城区德外大街 83 号楼 9 层　100088）

北京瑞禾彩色印刷有限公司印刷　新华书店经销

30 千字　880 毫米 ×1230 毫米　1/32　6.5 印张

2017 年 8 月第 1 版　2017 年 8 月第 1 次印刷

ISBN 978-7-5596-0733-1

定价：88.00 元